Yo amo mi pajón

Lissarette Nisnevich

Yo amo mi pajón
Todos los derechos reservados © 2021 by Lissarette Nisnevich

No se permite la reproducción total o parcial, en cualquier medio o formato, ya sea electrónico o mecánico, incluidas fotocopias, grabaciones o mediante un sistema de almacenamiento y recuperación de datos, excepto para revisores y críticos que podrían citar breves pasajes para reseñas en revistas o periódicos sin el permiso previo por escrito del propietario de los derechos de autor. No participe ni fomente la entrega de material protegido por derechos de autor. Compre solo ediciones autorizadas.

Portada y Diseño: Lissarette Nisnevich
Editora: Carisa Musialik
Ilustradora: Lissarette Nisnevich

ISBN: 9781736643945

Imprenta: Pequeñines Books
http://www.lissarette.com / http://www.pequeninesny.com
lissarette@lissarette.com / lissarette@pequeninesny.com

Para todos las niñas y niños que, alguna vez, como a mí, les hicieron sentirse menospreciados por ser diferentes. Para todos los adultos que se criaron igual y que todavía se sienten así. Nuestras diferencias nos hacen únicos, imaginate si todos fuéramos iguales, que aburrido. Que esta historia te sirva de inspiración para amarte a ti mismo así como eres, perfectamente tu!

Ninguna parte de ti es mala mis niños y niñas bellos. No importa quien lo diga. No importa cuanto lo repitan. Dios no comete errores. Tu pajón y tú son perfectos.

No te puedo negar que yo AMO mi pajón! Nunca me siento más yo que cuando tengo mis monos como Dios me los mandó. A veces gente que ignora y que su alma llora me dicen que me peine.
Pero lo que no entienden es que peinada estoy! Pues lo que se ve, no se pregunta!

Amo mi pajón cuando mi mamá lo "doma", cuando se emburuja con mi pelo temprano en la mañana para darle una forma u otra. Por que con mi pelo entiendo que la belleza viene con fuerza y que a veces es mejor dejar las cosas ser que hacerlas lo que queremos que sean. Pero como quiera yo amo mi pajón!

Amo mi pajón cuando visito a mis primos. Cuando voy de vacaciones me invitan a probar otros estilos. Y aunque hace mucho frio mi pajón me mantiene calientita junto con el amor de aquellos que aunque lejos me aman enterita.

Amo mi pajón cuando veo que mi hermano y mi papá también lo tienen igual. Mi hermano con su modernidad y mi papá a la antigua. Aun así no hay duda de que somos pajonues, felices en tertulia.

Amo mi pajón porque viene de antaño. Porque tiene historia y raíces muy lejanas. Por que es colorido como la sabana en la madre tierra : África. Mi madre me contó las historias de cuando los pajones se tapaban y aun así los de aquel entonces encontraron formas de taparlos con color y orgullo. A mi hermana le cuento las mismas historias y juntas envolvemos con amor y color la herencia que nos dejaron los ancestros.

Amo mi pajón cuando los amigos me visitan. Cuando nos divertimos con juegos de la infancia de mi abuelita. Cuando conservamos quienes somos de una manera orgánica. Mis amigos aunque sin pajones siempre visitan mi casa. De eso se trata, de conectar y variar el paisaje que nos relata.

Yo amo mi pajón cuando elijo cambiar de estilo. Entre cuentos y chistes y con música de fondo los Sabados o Domingos visito el salon del barrio para arreglarme mis monos.

Yo amo mi pajón cuando descansa. Cuando es suave y brillante. Cuando se presenta de una manera distinta. Como yo ninguna! Entre familia y en ocaciones especiales amo ver como mi pajón toma otra forma y estilo para variar.

Yo amo mi pajón. Pero después de ir al salón es mejor un tubi bien hecho. Para que el pajón venga cuando yo diga y no al otro dia.

Yo amo mi pajón pero se que la lluvia lo ama mas que yo. ¡Mi pajón domado de agua no quiere saber! Un gorro en la banera evitar ese problema pero cuando empieza a llover de repente no hay quien salve a la gente de volver al natural.

Yo amo mi pajón pero pienso en el Sábado completo pasado en la secadora. Los jalones, los tirones y el caliente que pase. Mi mama tambien no encuentra el dinero y el salón de los Sábados no es que es regalado. Pero si hay algo que tiene mami es su paciencia. Siempre con ella voy pues en ella están todas las respuestas.

Amo mi pajón por ella. Por que mami siempre encuentra la manera de volver a dibujar sonrisas en todo el que le rodea. Con su misma paciencia y amor, sus dedos manejan mi pelo y lo vuelven lo que es : Un pajón bello y colorido de Quisqueya con orgullo.

Gracias mama por amarte tu pajón para que yo tambien ame el mio. Por amar tus raices, quienes somos y en quienes nos hemos convertido. Yo amo mi pajón por que tu me ensenaste que asi es la cosa. Para que otros me amen primero el amor tiene que venir de mi.

Y cuando todos nos sentemos juntos. Cuando todos nos miremos con ojos como los de mi mama. Amaremos mas que nuestro pajón. Amaremos todo y el amor nos dara la preciada libertad.

FIN.

www.ingramcontent.com/pod-product-compliance
Lightning Source LLC
Chambersburg PA
CBHW061120170426
43209CB00013B/1619